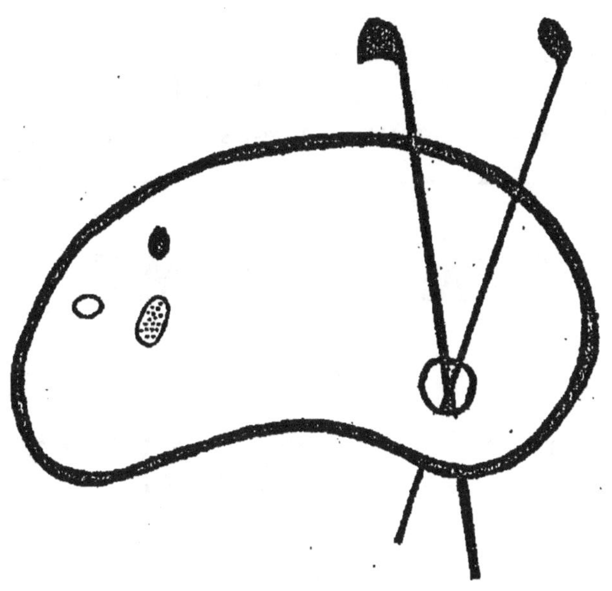

DEBUT D'UNE SERIE DE DOCUMENTS
EN COULEUR

SCIENCE ET RELIGION
Études pour le temps présent

SYMBOLISME
DU
CULTE CATHOLIQUE

PAR

Ant. SAUBIN

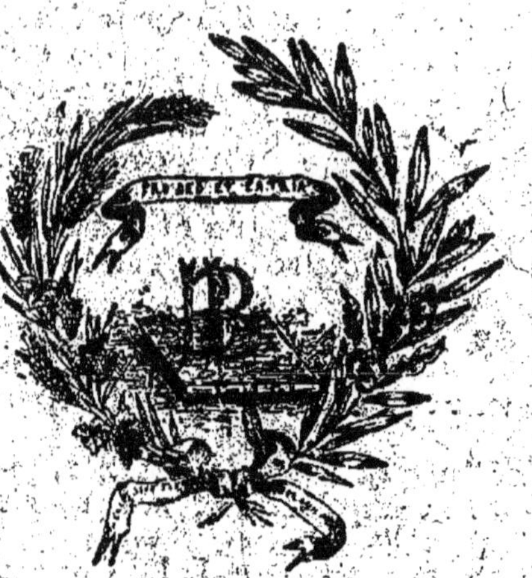

PARIS
LIBRAIRIE BLOUD & Cie
4, RUE MADAME ET RUE DE RENNES, 59
1903

SCIENCE ET RELIGION

Études pour le temps présent. — Prix : 0 fr. 60 le vol.

— **Certitudes scientifiques et certitudes philosophiques,** par le R. P. DE LA BARRE, S. J., prof. à l'Institut catholique de Paris.   1 vol.
— *Du même auteur :* **L'Ordre de la nature et le Miracle.**   1 vol.
— **L'Ame de l'homme,** par J. GUIBERT, supérieur du séminaire de l'Institut catholique de Paris.   1 vol.
— **Faut-il une religion ?** par l'abbé GUYOT.   1 vol.
— *Du même auteur :* **Pourquoi y a-t-il des hommes qui ne professent aucune religion ?**   1 vol.
— **Nécessité scientifique de l'existence de Dieu,** par P. COURBET.   1 vol.
— *Du même auteur :* **Jésus-Christ est Dieu.**   1 vol.
        id.   **Convenance scientifique de l'Incarnation.**   1 vol.
— **Études sur la pluralité des mondes habités et le dogme de l'Incarnation,** par le R. P. ORTOLAN.
   I. — *L'Epanouissement de la vie organique à travers les plaines de l'infini.*   1 vol.
   II. — *Soleils et terres célestes.*   1 vol.
   III. — *Les Humanités astrales et l'Incarnation.*   1 vol.
— *Du même auteur :* **La Fausse Science contemporaine et les Mystères d'Outre-tombe.**   1 vol.
        id.   **Vie et Matière ou Matérialisme et spiritualisme en présence de la Cristallogénie.**   1 vol.
        id.   **Matérialistes et Musiciens.**   1 vol.
— **L'Au-delà ou la Vie future d'après la foi et la science,** par l'abbé J. LAXENAIRE.   1 vol.
— **Le Mystère de l'Eucharistie. — Aperçu scientifique,** par l'abbé CONSTANT.   1 vol.
— *Du même auteur :* **Le Mal, sa nature, son origine, sa réparation.**   1 vol.
— **L'Eglise catholique et les Protestants,** par G. ROMAIN.   1 vol.
— *Du même auteur :* **L'Inquisition,** son rôle religieux, politique et social.   1 vol.
— **Mahomet et son œuvre,** par I. L. GONDAL, professeur d'apologétique et d'histoire au séminaire Saint-Sulpice.   1 vol.
— *Du même auteur :* **L'Eglise Russe.**   1 vol.
— **Christianisme et Bouddhisme** (*Etudes orientales*), par l'abbé THOMAS, vicaire général de Verdun.   2 vol.
— *Du même auteur :* **Dieu auteur de la vie.**   1 vol.
        id.   **La Fin du monde d'après la Foi.**   1 vol.
— **Où en est l'hypnotisme,** son histoire, sa nature et ses dangers, par A. JEANNIARD DU DOT, auteur du *Spiritisme dévoilé.*   1 vol.
— *Du même auteur :* **Où en est le Spiritisme.**   1 vol.
        id.   **L'Hypnotisme et la science catholique.** 1 vol.
        id.   **L'Hypnotisme transcendant en face de la philosophie chrétienne.**   1 vol.

— **L'Apologétique historique au XIXe siècle. La Critique irréligieuse de Renan**, etc., par l'abbé Ch. Denis.   1 vol.

— **Nature et Histoire de la liberté de conscience**, par l'abbé Canet.   1 vol.

— **L'Animal raisonnable et l'Animal tout court**, par C. de Kirwan.   1 vol.

— **La Conception catholique de l'Enfer**, par l'abbé Brémond. 1 vol.

— **L'Attitude du catholique devant la Science**, par G. Fonsegrive.   1 vol.

— *Du même auteur* : **Le Catholicisme et la Religion de l'Esprit.**   1 vol.

— **Du Doute à la Foi**, par le R. P. Tournebize, S. J.   1 vol.

— *Du même auteur* : **Opinions du jour sur les peines d'outre-tombe.**   1 vol.

— **La Synagogue moderne**, sa doctrine et son culte, par A. F. Saubin.   1 vol.

— *Du même auteur* : **Le Talmud et la Synagogue moderne.** 1 vol.

— **Evolution et Immutabilité de la doctrine religieuse dans l'Eglise**, par M. Prunier, supérieur de grand séminaire.   1 vol.

— **La Religion spirite**, son dogme, sa morale et ses pratiques, par I. Bertrand.   1 vol.

— *Du même auteur* : **L'Occultisme ancien et moderne.**   1 vol.

— **L'Hypnotisme franc et l'Hypnotisme vrai**, par le Docteur Hélot.   1 vol.

— **L'Eglise et le Travail manuel**, par l'abbé Sabatier.   1 vol.

— **Unité de l'espèce humaine**, *prouvée par la similarité des conceptions et des créations de l'homme*, p. le marquis de Nadaillac. 1 vol.

— *Du même auteur :* **L'Homme et le Singe.**   2 vol.

— **Le Socialisme contemporain et la Propriété**, par M. G. Ardant.   1 vol.

— **Pourquoi le Roman à la mode est-il immoral et pourquoi le Roman moral n'est-il pas à la mode ?** p. G. d'Azambuja.   1 vol.

— **Comment se sont formés les Evangiles ?** par le P. Th. Calmes, professeur au grand séminaire de Rouen.   1 vol.

— **L'Impôt et les Théologiens**, *Etude philosophique, morale et économique*, par le comte de Vorges, ancien ministre plénipotentiaire, membre de l'Académie de Saint-Thomas, etc., etc.   1 vol.

— *Du même auteur* : **Les Ressorts de la Volonté et le libre arbitre.**   1 vol.

— **Nécessité mathématique de l'existence de Dieu.** *Explications. — Opinions, Démonstrations*, par René de Cléré.   1 vol.

— **Saint Thomas et la Question juive**, par Simon Deploige, professeur de l'Université Catholique de Louvain.   1 vol.

— **Premiers principes de Sociologie Catholique**, par l'abbé Naudet.   1 vol.

— **La Patrie.** — *Aperçu philosophique et historique*, par J. M. Villefranche.   1 vol.

— **Le Déluge de Noé et les races Prédiluviennes**, par C. de Kirwan.   2 vol.

— **La Saint-Barthélemy**, par Henri Hello.   1 vol.

— **L'Esprit et la Chair.** *Philosophie des macérations*, par Henri Lasserre, auteur de *Notre-Dame de Lourdes*, etc., etc.   1 vol.

— **Le Levier d'Archimède ou la Mécanique céleste et le Céleste mécanicien**, par le R. P. ORTOLAN. 2 vol.

— **Ce que le Christianisme a fait pour la femme**, par G. d'AZAMBUJA. 1 vol.

— **L'Hypnotisme et la Stigmatisation**, par le Dr IMBERT-GOURBEYRE. 1 vol.

— **L'Education chrétienne de la Démocratie**, *essai d'apologétique sociale*, par CH. CALIPPE. 1 vol.

— **La Religion catholique peut-elle être une science ?** par l'abbé G. FRÉMONT. 1 vol.

— *Du même auteur :* **Que l'Orgueil de l'Esprit est le grand écueil de la Foi**, *Théodore Jouffroy, Lamennais, Ernest Renan.* 1 vol.

— **La Révélation devant la Raison**, par F. VERDIER, supérieur de Grand Séminaire. 1 vol.

— **Confréries musulmanes.** — *Histoire, Discipline, Hiérarchie,* par le R. P. PETIT. 1 vol.

— **Pratique de la Liberté de conscience dans nos Sociétés contemporaines**, par l'abbé CANET. 1 vol.

— **Comment peut finir l'Univers**, d'après la science, par C. de KIRWAN. 1 vol.

— **Les Théories modernes de la Criminalité**, par le Docteur DELASSUS. 1 vol.

— **Faillite du Matérialisme**, par Pierre COURBET, 3 vol. *se vendant séparément :*

    I. — *Historique.* 1 vol.

    II. — *Discussion ; l'atome et le mouvement.* 1 vol.

    III. — *Discussion ; l'éther, les gaz, l'attraction. Conclusion. — Appendice.* 1 vol.

— **Le Globe terrestre**, par A. DE LAPPARENT, Membre de l'Institut, professeur à l'Ecole libre des Hautes Etudes, 3 vol. *se vendant séparément.*

    I. — *La Formation de l'écorce terrestre.* 1 vol.

    II. — *La nature des mouvements de l'écorce terrestre.* 1 vol.

    III. — *La Destinée de la terre ferme et la Durée des temps.* 1 vol.

— **De la Connaissance du Beau**, *sa définition, application de cette définition aux beautés de la nature,* par l'abbé GABORIT, archiprêtre de la Cathédrale de Nantes. 1 vol.

— **Le Diable dans l'Hypnotisme**, par le docteur Ch. HÉLOT. 1 vol.

— **De la Prospérité comparée des nations protestantes et des nations catholiques**, *au point de vue économique, moral, social,* par le R. P. FLAMÉRION, S. J. 1 vol.

— **L'Art et la Morale**, par le P. SERTILLANGES, dominicain, docteur en théologie. 1 vol.

— **La Sorcellerie**, par I. BERTRAND. 1 vol.

— **Qu'est-ce que l'Ecriture sainte ?** *Les Livres inspirés dans l'antiquité chrétienne : Théorie de l'inspiration,* p. le P. TH. CALMES. 1 vol.

— **Les Morts reviennent-ils ?** par I. BERTRAND. 1 vol.

(Demander la liste **complète** *des volumes* **Science et Religion,** *parus à ce jour).*

SAINT-AMAND (CHER). — IMPRIMERIE BUSSIÈRE

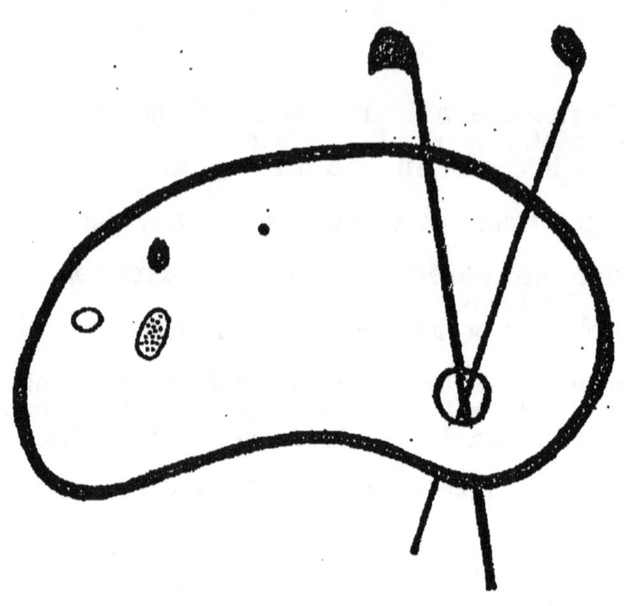

FIN D'UNE SERIE DE DOCUMENTS
EN COULEUR

SYMBOLISME

DU

CULTE CATHOLIQUE

Permis d'imprimer :

Paris le 3 juillet 1902,

LEFEBVRE, vic. gén.

SCIENCE ET RELIGION
Études pour le temps présent

SYMBOLISME

DU

CULTE CATHOLIQUE

PAR

Ant. SAUBIN

PARIS
LIBRAIRIE BLOUD & Cie
4, RUE MADAME ET RUE DE RENNES, 59
1903

OUVRAGES A CONSULTER

GUILLAUME DUROUD, évêque de Mendes. — *Rational ou Manuel des divins offices.*

MIGNE. — *Dictionnaire des cérémonies et des rites sacrés.*

LEBRUN (R. P.) de l'Oratoire. — *Explication des prières et cérémonies de la Messe suivant les anciens auteurs et les monuments de toutes les Eglises du monde.*

CORNELIUS A LAPIDE. — *Commentaria in Scripturam Sacram.*

GAUSSENS. — *Prônes liturgiques.*

SYMBOLISME
DU CULTE CATHOLIQUE

INTRODUCTION

Le culte chrétien est l'ensemble de tous les devoirs que l'homme doit rendre à Dieu. Si nous considérons le pourquoi de l'existence humaine, c'est-à-dire, pourquoi Dieu a créé l'homme, notre simple raison humaine nous conduit à conclure, avec une rigoureuse logique, que Dieu a créé l'homme pour sa gloire tout d'abord, comme le but primordial de son acte créateur. En effet, nul être ne peut agir pour une fin dernière inférieure à lui-même. Et cette vérité ressort aussi clairement de l'observation expérimentale que du raisonnement métaphysique. Dieu dont la sagesse souveraine est la source de toute sagesse, de tout ordre et de toute harmonie, ne pourrait donc créer l'homme pour une autre fin que lui-même. La même logique nous démontre que tout ce qui constitue l'homme doit être subordonné à ce but suprême de son existence : le service et la gloire de Dieu.

Considérons l'homme dans tout ce qui le constitue : il a un corps et une âme : son âme a des facultés qui sont principalement : l'intelligence, la volonté et le sentiment : son corps a le mouvement et la parole, par lesquels il traduit au dehors l'acte de l'intelligence et de la volonté de son âme. Enfin Dieu a donné à l'un et à l'autre la durée, que l'on divise en deux phases ; la vie mortelle et la vie immortelle.

Donc, l'âme, intelligence, volonté et sentiments ; le corps, parole et mouvement ; durée vie mortelle et vie immortelle : voilà ce qui constitue principalement l'homme. Dieu lui a donné tout cela, afin qu'il s'en servît pour sa gloire. Dieu réclame donc de l'homme un culte de l'âme et un culte du corps, un culte du temps et un culte de l'éternité.

Un culte de l'âme par la connaissance, l'obéissance et l'amour ; un culte du corps par les cérémonies extérieures, un culte du temps par la foi intérieure et par l'emploi de ce temps aux œuvres qui regardent la gloire de Dieu ; un culte de l'éternité par la participation de l'homme lui-même à la gloire qu'il aura rendue à Dieu à travers les obscurités de la foi et malgré les contradictions qui viennent des ténèbres de l'ignorance et de l'incrédulité.

Le champ est vaste, quoique dans la vie du vrai chrétien tout s'ordonne et s'harmonise dans une simplicité digne de la sagesse infinie de Dieu : et il est plus facile infiniment de vivre la vie chrétienne dans son ensemble le plus complet, que de l'expliquer en détail.

Il faut donc nous restreindre beaucoup pour ne pas dépasser les limites de cet opuscule. C'est pourquoi nous exposerons seulement ce qui constitue le culte extérieur ; et encore nous restreindrons-nous au culte purement matériel ou corporel, en en expliquant seulement la signification et la raison d'être : temps, objets matériels, actions, telles seront les divisions de cet ouvrage.

PREMIÈRE PARTIE

Le Temps

CHAPITRE PREMIER

LE JOUR

L'unité de temps sur laquelle tous les peuples ont toujours été d'accord, est le jour.

Le jour est l'espace de temps que met la terre à tourner entièrement une fois sur elle-même pour présenter successivement toutes ses parties au soleil qui l'éclaire et la réchauffe. Tous les peuples ont toujours été d'accord sur ce point : peu importe qu'ils aient considéré la terre comme immobile ou mobile : la conclusion est la même.

La divergence commence en ce qui concerne le moment précis où le jour doit être considéré comme commençant.

Aujourd'hui, nous faisons commencer le jour au moment précis où le point du globe que nous habitons est le plus éloigné du soleil : c'est à minuit, instant où ce point du globe a fini de s'éloigner du soleil pour s'en rapprocher de nouveau.

L'origine de cette démarcation entre deux jours successifs vient d'une pensée chrétienne, car on a voulu ainsi consacrer l'heure de la naissance du Christ qui eut lieu au milieu de la nuit, naissance qui fut vraiment le commencement d'un jour nouveau pour le monde.

Avant l'ère chrétienne, on ne faisait pas commencer le jour à minuit. Les astronomes anciens le faisaient commencer tantôt à midi, tantôt le matin et tantôt le soir.

Mais si nous remontons plus haut dans l'antiquité pour consulter les traditions primitives des peuples, nous sommes frappés de leur unanimité à faire commencer le jour au coucher du soleil. Cette tradition est consacrée par la Bible, où il est dit, au premier chapitre de la Genèse, que le jour est composé d'un soir et d'un matin. Le texte sacré répète après chaque acte créateur : *il fut soir et matin un jour.* Les juifs conservèrent jusqu'à leur définitive dispersion et conservent encore aujourd'hui l'usage, dans leur culte, de faire commencer la journée au coucher du soleil.

Pourquoi cette tradition si ancienne qu'on ne peut ne pas la considérer comme une indication divine ? Dieu, dans cette simple détermination du commencement du jour, a renfermé une grande leçon qui nous est expliquée par la Tradition.

Le jour est l'image de la vie humaine tout entière ; cette vie commence sur la terre parmi les obscurités de la foi, les défaillances de la raison, les incertitudes de la vie qui sont bien justement figurées par la nuit, et se continue dans le ciel, dans la lumière indéfectible, dans la certitude et le repos. De même que l'homme qui gît dans les ténèbres et tremble à la pensée des dangers qu'il y court, soupire après le retour de la lumière et de la sécurité qui l'accompagne ; de même aussi, l'homme en proie, pendant sa vie mortelle, à tous les dangers et à toutes les incertitudes en ce qui concerne la vie de son âme, doit soupirer après le lever du jour glorieux de l'éternité.

CHAPITRE II

Le temps a été donné à l'homme pour être employé au service de Dieu. De même qu'il a été permis à l'homme de travailler pour lui en même temps que pour Dieu pendant six jours par semaine à condition que le septième jour lui serait entièrement consacré, de même aussi, tandis que la plupart des hommes partagent ainsi leur temps entre Dieu et eux-mêmes, il a voulu qu'un petit nombre d'hommes fût employé à le louer sans cesse. Ce sont ceux qui sont chargés officiellement par l'Eglise de prier sans cesse et de louer Dieu tandis que les autres se livrent aux travaux matériels.

A ce groupe choisi l'Eglise a imposé l'obligation de l'office quotidien, divisé en heures liturgiques ou canoniales.

La journée étant l'image de la vie humaine, il est tout naturel que l'Eglise ait divisé cette journée selon les divisions de la vie humaine. Ces divisions sont au nombre de sept, qui paraissent avoir été en usage pour la prière depuis la plus haute antiquité, puisque David affirme (Ps. cxviii, 154) avoir chanté les louanges de Dieu sept fois le jour.

Ainsi, *matines et laudes*, qui se chantent la nuit au milieu des ténèbres, représentent la première enfance ; *Prime*, qui se dit à l'aurore, représente la seconde enfance, c'est-à-dire l'âge où la raison s'ouvre et où l'enfant commence à connaître Dieu ; *Tierce* représente l'adolescence ; *Sexte*, la jeunesse virile ; *None*, la maturité; *Vêpres*, la vieillesse ; *Complies*, l'approche de la mort.

Toute la vie de l'homme a été rachetée par la passion et la mort de Notre-Seigneur Jésus-Christ. C'est pourquoi l'office s'attache à suivre pas à pas Jésus-Christ dans sa journée douloureuse, afin de sanctifier toute notre vie et chaque journée par la méditation de notre rédemption.

Matines et laudes se chantent à l'heure où Notre-Seigneur commença sa passion par son agonie et fut arrêté au jardin des Oliviers. A *Prime*, il fut livré aux Gentils représentés par Ponce-Pilate ; à *Tierce*, il fut flagellé et couronné d'épines ; à *Sexte*, il fut attaché à la croix ; à *None*, il rendit le dernier soupir ; le soir, ou à *Vêpres*, il fut détaché de la croix ; à *Complies*, il fut mis dans le tombeau.

Enfin, la journée liturgique représente encore la journée de la résurrection de Notre-Seigneur Jésus-Christ, journée glorieuse qui renferme toutes nos espérances.

Matines et laudes rappellent la victoire sur la mort par ces chants de matines qui s'élèvent du milieu de la nuit comme des ténèbres du sépulcre et par les *laudes* qui éclatent au moment où Notre-Seigneur s'élança vivant et glorieux de son tombeau ; « à *Prime*, « il apparut à Marie ; à *Tierce*, aux disciples revenant « du tombeau ; A *Sexte*, à Jacques ; à *None*, à Pierre ; « le *soir*, aux disciples d'Emmaüs ; à *Complies*, aux « apôtres auxquels il souhaita la paix (Guillaume Du- « rand). »

Ces diverses divisions de l'office et leur composition respective méritent qu'on s'y arrête plus en détail. Nous suivrons Guillaume Durand dans cette étude.

1° Matines et laudes. Les matines et laudes forment quatre parties : trois nocturnes et les laudes. C'est un souvenir de la primitive église. La nuit était divisée en quatre veilles, et les clercs en quatre groupes, qui se succédaient à chaque veille pour chanter une partie correspondante de l'office, de manière à ce que toute la nuit fût employée à chanter les louanges de Dieu.

Cependant les matines ne sont pas d'une composition uniforme. Aux fêtes et aux dimanches les trois nocturnes sont distincts et se composent de psaumes et de leçons ; aux jours ordinaires, les nocturnes consistent en une série de douzes psaumes et de trois leçons ; aux semaines de Pâques et de la Pentecôte, il n'y a qu'un seul nocturne de trois psaumes et de trois leçons. Ces dispositions furent arrêtées par le pape Grégoire VIII qui voulut ainsi accommoder avec plus de soin les offices aux diverses circonstances du temps et des occupations. Ainsi, comme l'on passait toute la nuit du samedi au dimanche, aux fêtes de Pâques et de la Pentecôte, pour les cérémonies fort longues du baptême des catéchumènes, on ne chantait qu'un seul nocture et laudes.

Mais aux dimanches ordinaires, où l'on devait prolonger l'office pour profiter du repos du jour suivant en louant Dieu plus longuement, le premier nocture a douze psaumes ; quant aux jours ordinaires, pendant lesquels on s'en tenait, parmi les intervalles du travail matériel, à la méditation du temps liturgique tel que nous le verrons dans le symbolisme de l'année, on dit un nocturne de douzes psaumes et trois leçons en rapport avec ce temps.

Quant aux fêtes, l'office a trait tout entier aux mystères ou aux saints que l'on célèbre, sauf les mémoires que l'on fait en certaines époques de temps plus solennelles, telles que l'Avent, le Carême, les Quatre-Temps et les dimanches qui cèdent le pas aux fêtes, parce que le devoir de la pénitence et le souvenir de la résurrection de Jésus-Christ doivent toujours vivre dans la mémoire des hommes.

Par leur composition les nocturnes portent aux méditations sérieuses ; mais tout à coup éclate le chant du triomphe ; ce sont les laudes, qui débutent en proclamant la royauté et le triomphe de Jésus-Christ sortant du tombeau.

Il ne nous appartient pas de commenter les paroles

sacrées, notre cadre est trop restreint et ce commentaire
a été fait.

2° Prime. La partie de l'office que l'on dit à *prime*,
ou à la première heure du jour, a pour but de demander à Dieu de faire lever sa lumière dans nos âmes
en même temps qu'il fait lever son soleil sur la terre.
Prime est la prière du matin de l'homme qui veut consacrer toute sa journée au service de Dieu ; car, après
avoir demandé la lumière, il considère la route qui
s'ouvre devant lui : Bienheureux, dit-il, ceux qui
marchent dans ce chemin sans se souiller : cette route,
c'est sa vie, et il ne finira pas sa prière sans avoir considéré le terme : « La mort des saints est précieuse devant Dieu, dit-il » ; et il demande aux saints qui l'ont
précédé de l'aider par leur assistance à suivre leur
exemple et à gagner comme eux le repos éternel.

3° Tierce, Sexte et None sont des temps de repos que
l'homme prend après chaque heure de travail, chaque
heure de l'ancienne manière représentant environ
trois heures de la manière dont on les compte aujour-
d'hui. Pendant ce temps de repos qu'il accorde à son
corps, il élève son cœur vers Dieu, il pense à ce que le
Sauveur a fait pour lui à ce même moment, et s'en-
courage ainsi à continuer son labeur au nom de Jésus-
Christ.

4° Vêpres. Vêpres est la fin de la journée ; c'est le
coucher du soleil ; le moment où le Sauveur termine
son sacrifice en rendant son âme à son Père : c'est
l'heure où le chrétien a fini sa journée. Lui aussi a
rempli sa tâche, il remercie Dieu de l'avoir protégé
pendant ce jour, et son cœur lui adresse ces louanges
du soir qu'il termine par le *Magnificat*.

5° Bientôt il ira prendre son repos comme Jésus
dans son tombeau ; car le sommeil est frère de la
mort. Le chrétien en disant complies pense à ces
deux sommeils, et il demande de les dormir en paix
jusqu'à ce que se lève un jour nouveau, jour de travail où il reprendra sa tâche au nom de Dieu, ou
bien jour du repos éternel où il recevra en Dieu la
récompense de tout ce qu'il a fait pour lui.

CHAPITRE III

Les jours sont groupés invariablement par sept, qui forment ce qu'on appelle une semaine, du latin *septimana*, ou *septem mane*, sept matins.

L'universalité de ce groupement des jours par semaines est étonnante : nous le trouvons en effet chez tous les peuples anciens et modernes : et plus d'un philosophe dans l'antiquité en a cherché la raison. Cicéron dit que le nombre sept est le nœud et la plénitude de tout, parce que Dieu est unité et que de lui découlent les six ordres de créatures, les esprits, les éléments, les choses inanimées, les végétaux, les animaux et les hommes, et qu'ensuite tout revient à l'unité, c'est-à-dire à Dieu.

Philon dit que le nombre six signifie les choses mortelles, parce que six est divisible; tandis que le nombre sept qui ne peut pas être divisé signifie le bonheur et l'immortalité.

Les pythagoriciens appellent le nombre sept le nombre vierge, parce qu'il n'est formé d'aucun autre, et lui attribuent une convenance spéciale pour Dieu et pour les choses divines.

On voit que cette uniformité des peuples en ce qui concerne la semaine est due à une tradition religieuse profondément enracinée. C'est le souvenir de la création qui doit exclusivement absorber l'homme le dernier jour de la semaine, c'est-à-dire, le sabbat, jour du repos de Dieu et du repos de l'homme : *Le septième jour est le sabbat ou repos ; il sera appelé saint ; ce jour-là tu ne feras aucun travail, car c'est le repos du Seigneur* (Lévit. XXIII, 3).

On voit ainsi que la semaine date de l'origine du monde, que les jours furent dès le commencement groupés par sept, le septième étant un jour de repos, et que la loi donnée à Moïse ne fut en ce point, comme d'ailleurs dans tous les autres points, qu'une sorte de consécration solennelle de ce qui existait déjà dès l'origine.

Le sabbat a donc pour but de consacrer une journée entière au culte divin en mémoire de la création ; et en cela l'observance du sabbat est en quelque sorte le fondement de la religion et du culte que nous devons à Dieu. Car si nous devons un culte à Dieu, c'est en tant qu'il nous a créés et que nous tenons de lui tout ce que nous sommes et tout ce que nous avons : si nous ne dépendions pas de Dieu à ce double point de vue nous ne lui devrions rien.

Mais le repos du sabbat a un autre but plus élevé. C'est saint Paul qui nous l'explique. Il doit nous rappeler que nous devons participer au repos de Dieu dans le ciel : *Hâtons-nous donc de marcher vers ce repos* (Hébr. IV, 11).

Depuis les apôtres, le repos du sabbat fut transporté au dimanche, en mémoire de la résurrection de Jésus-Christ et de la descente du Saint-Esprit sur les Apôtres. C'est en effet ce jour-là que le Christ sortit du repos de son tombeau pour entrer dans le repos de sa gloire, et que par le miracle de sa résurrection il nous donne en ce monde le repos de nos esprits par la certitude de sa divinité et nous promet pour l'autre le repos pour nos corps ressuscités : car si le Christ est ressuscité, nous aussi nous ressusciterons. *Et ceux qui sont morts dans le Christ, ressusciteront les premiers ; ensuite nous qui vivons qui sommes laissés sur la terre, nous serons emportés avec eux dans les airs sur les nuées au devant du Christ* (Thess. IV, 15-16).

CHAPITRE IV

LE MOIS

Le mois ne paraît pas avoir de signification religieuse. Il a été inventé dès les temps les plus anciens par la nécessité de grouper les jours et les semaines en nombres plus maniables que les jours de l'année entière.

Cependant, comme il a fallu un point de repère pour établir ce groupement, on a imaginé tantôt de suivre les mouvements de la lune, tantôt de suivre le temps que le soleil paraît dans certaines constellations appelées les douzes signes du Zodiaque.

Dans l'ancienne liturgie hébraïque, comme dans la liturgie chrétienne, il n'est question du mois que pour déterminer le temps de Pâques.

Nous laissons à d'autres le soin de consigner ici les découvertes qu'ils pourraient faire à ce sujet et nous passons à l'année, qui est une unité très importante dans la vie des peuples et des religions.

CHAPITRE V

L'année au point de vue liturgique forme un cycle complet. De même que l'année est constituée par la complète révolution de la terre autour du soleil, de même ausssi l'année liturgique est constituée par le culte successif de tous les mystères de la vie de Jésus-Christ, le divin soleil des âmes.

L'année liturgique se divise en plusieurs parties inégales, selon cette vie divine, que l'on considère moins dans sa durée que dans l'importance de ses diverses phases.

Commençant avec le premier dimanche de l'Avent, elle nous représente, pendant les quatre semaines qui s'écoulent avant la fête de Noël, les ténèbres où était enseveli le monde ancien avant l'avènement du Messie : ténèbres qui n'étaient pas cependant sans quelques lueurs lointaines dues aux promesses faites par Dieu par l'entremise des prophètes. C'est pourquoi, pendant ce temps, l'Eglise médite principalement le prophète Isaïe qui résume dans son livre et les diverses annonces concernant le Messie promis, et les aspirations de l'ancien monde vers l'avènement de celui que les nations attendent.

Ces ténèbres mêlées de quelque lueur sont symbolisées par la couleur violette qui est celle du deuil mêlé d'espérance certaine, dont se sert l'Eglise pour les temps de pénitence.

La deuxième partie de l'année comprend la vie cachée du Sauveur ; elle commence à la fête de Noël, anniversaire de sa naissance, et se continue jusqu'à l'octave de l'Epiphanie. C'est la partie la plus courte de la vie du Sauveur, quoique considérée dans sa vie réelle elle soit la plus longue. En effet, par rapport à nous, la vie cachée du Sauveur pendant ses trente premières années nous enseigne principalement la vertu d'humilité, sans qu'il ait permis que l'on connût autre chose de sa vie.

Certains auteurs prolongent le temps de la vie cachée du Sauveur jusqu'à la purification qui se célèbre le 2 février. Mais, à notre avis, il faut considérer cette fête comme un simple anniversaire, et reporter la fin de la vie cachée à l'Epiphanie. C'est en effet à ce jour que l'Eglise célèbre sa triple manifestation au monde.

C'est le jour de l'Epiphanie que fut révélée au monde entier la naissance du Rédempteur attendu. Il suffit de relire le chapitre second de l'Evangile de saint Matthieu pour se rendre compte comment les mages venant à Jérusalem à la suite d'une étoile miraculeuse donnèrent aux Juifs l'occasion de se rappeler leurs antiques prophéties et d'en conclure publiquement que les temps étaient accomplis et que Bethléem devait posséder dans ses murs celui que les prophètes avaient annoncé.

L'Eglise célèbre aussi dans cette octave cette manifestation de Jésus enfant au temple, proclamant son devoir de s'occuper des affaires de son Père.

C'est aussi le jour de l'Epiphanie que, trente ans plus tard, Jésus, sortant de son obscurité, pour commencer sa vie publique et la prédication de son Evangile, voulut recevoir des mains de Jean Baptiste, sur le bord du Jourdain, le baptême de la pénitence, et qu'à ce moment le ciel l'investit publiquement de son autorité. « Le ciel s'ouvrit, disent les Evangélistes saint Matthieu et saint Luc, et le Saint-Esprit descendit sur lui sous la forme d'une colombe, pendant qu'une voix se faisait entendre : Tu es mon fils bien-aimé en qui j'ai mis mes complaisances. »

Enfin, un an après, selon quelques-uns, quelques mois, selon quelques autres, Jésus lui-même voulut manifester sa puissance en faisant son premier miracle aux noces de Cana.

Si l'Eglise a voulu célébrer ces multiples manifestations ce même jour de l'Epiphanie c'est donc qu'elle a voulu commencer aussitôt la célébration de la vie publique de Jésus-Christ.

Depuis l'octave de l'Epiphanie jusqu'au dimanche de la Passion, l'Eglise célèbre l'enseignement de Jésus-Christ. Enseignement que Jésus-Christ nous donne en paraboles et en exemples, enseignement renfermant encore quelque obscurité et se résumant dans l'idée de pénitence et de travail pour le royaume des cieux. L'Eglise célèbre ce temps en méditant longuement ces enseignements et en imitant par le jeûne des quarante jours de carême la pénitence du Maître qui passa au désert quarante jours dans le jeûne et la prière.

Le nombre de semaines est variable entre l'Epiphanie et la Septuagésime. Mais de la Septuagésime au temps de la Passion le nombre en est invariablement de sept. Et cela pour plusieurs raisons que nous rapporte Guillaume Durand.

1º Les sept semaines qui nous séparent de la Passion, qui est le temps de la Rédemption ou de la délivrance, nous rappellent les soixante-dix ans de la captivité de Babylone, au bout desquels les Juifs furent délivrés.

2º Les sept semaines nous représentent encore les sept âges du monde jusqu'au jour du règne de Jésus-Christ. La création, dont le récit est lu à l'office le jour de la septuagésime ; le déluge, récit lu à la sexagésime ; la vocation d'Abraham, quinquagésime ; le Sinaï et le désert, temps de pénitence et d'expiation pour entrer dans la terre promise, au 1er dimanche de Carême, où l'on lit une épître de saint Paul commandant la pénitence ; la terre promise, terre de bénédiction où sont appelés, s'il font pénitence, tous les hommes pour recueillir l'héritage de leur aîné le peuple juif, figuré par Esaü, montagne où l'âme se transfigure par la pénitence et arrive à la lumière qui lui fera reconnaître, au 3e dimanche, celui qu'il a méprisé. En effet, en nous faisant lire le récit de Joseph vendu par ses frères et plus tard reconnu et adoré par eux, et l'évangile de la mauvaise foi des Juifs envers Notre-Seigneur après la guérison miraculeuse du muet, l'Eglise nous fait penser à la captivité de notre âme sous le joug du démon, captivité figurée par la captivité de Babylone et qui ne cessera que lorsque nous reconnaîtrons la divinité de Jésus-Christ.

Enfin, au quatrième dimanche de Carême, l'Eglise nous invite à la joie, parce que la délivrance est proche. Nous touchons en effet au temps prédit par le prophète Daniel pour le sacrifice du saint des saints, sacrifice qui nous rachète de notre esclavage. L'Eglise nous y fait penser en mettant sous nos yeux la vocation de Moïse recevant de Dieu dans le buisson ardent la mission d'arracher son peuple à la servitude. Elle propose aussi à nos méditations l'évangile de la multiplication des pains selon saint Jean, pour nous montrer que Dieu se plaira à rassasier de biens ceux qui seront arrivés par la vertu de la rédemption au séjour de la vraie terre promise.

Mais nous voici à la quatrième partie de la vie de Notre-Seigneur Jésus-Christ, à sa vie souffrante : la plus courte en durée, mais la plus considérable de sa vie mortelle. L'Eglise, qui s'est réjouie un jour à l'approche du salut, ne saurait oublier qu'elle doit ce salut aux souffrances et à la mort de son chef, aussi nous invite-t-elle à entrer dans un deuil encore plus profond pendant ces deux semaines : et plus on approche du jour de l'anniversaire douloureux, plus sa tristesse devient profonde et plus sa prière se prolonge. Cependant ces deux semaines sont séparées par l'hosanna joyeux. Ce modeste triomphe voulu par Jésus-Christ avant que de souffrir, rappelle les victimes que l'on couronnait de fleurs pour les conduire à l'autel des holocaustes. Le peuple parait ainsi sa victime avant de l'immoler.

Le récit de la Passion, l'institution de la Cène, la mort de Jésus-Christ, son ensevelissement remplissent la dernière semaine.

Avec Jésus-Christ enseveli est enseveli aussi dans

le tombeau de pierre le vieux monde avec ses ténèbres. La lumière va briller et ce sera un jour nouveau qui se lèvera sur le monde.

La cinquième partie de la vie de Jésus-Christ commence au moment où brille ce feu nouveau jailli de la pierre, figurant le Christ sortant de son tombeau de pierre, au moment où le cierge pascal, allumé à ce feu nouveau, commence à briller au côté de l'Evangile, figurant le Christ établi pour être à jamais la lumière du monde.

Ce cierge pascal, dont le symbolisme magnifique est exposé tout au long dans les prières solennelles employées par l'Eglise pour le bénir, brillera jusqu'à l'Ascension. Alors, il disparaîtra, parce que pendant ce temps-là le Christ ressuscité est resté sur la terre. Mais en montant au ciel, il disparaît à nos yeux, quoique par ses enseignements et par sa croix il reste la lumière des âmes.

Alors commence la sixième partie de la vie du Christ, la plus longue de toutes, celle qui ne finit pas sa vie glorieuse dans le ciel, où il est assis à la droite de son Père.

Mais, quand il est monté au ciel, il envoie l'Esprit-saint, qui guidera l'Eglise et les hommes à la lumière des enseignements de Jésus-Christ, vers les demeures éternelles où il est allé nous préparer nos places. Cette sixième partie, pendant laquelle l'Eglise médite l'ensemble des paroles de Jésus-Christ et des apôtres inspirés par le Saint-Esprit, s'étend jusqu'à la veille du premier dimanche de l'Avent et clot ainsi l'année liturgique.

Ainsi le chrétien qui suit le mouvement liturgique voit passer chaque année sous ses yeux, et le médite pour son profit, tout l'ensemble de la doctrine de Jésus-Christ. Il apprend ainsi à perfectionner sa vie, à aplanir progressivement la voie qui le conduit à la suite de son divin modèle, au séjour bienheureux où il règnera avec lui dans les siècles des siècles.

DEUXIÈME PARTIE

Les objets matériels.

CHAPITRE PREMIER

L'EGLISE : SA STRUCTURE

Le premier des objets matériels consacrés au culte catholique est l'Eglise.

Le mot Eglise s'entend de deux manières : d'une manière .spirituelle ; c'est l'ensemble de tous les fidèles composant cette société universelle obéissant au même chef visible, le Pape, représentant du véritable chef invisible, le Christ, appelé tête de l'Eglise tandis que tous les fidèles qui la composent sont appelés ses membres. De cette manière, les fidèles unis au Christ forment ce qu'on appelle le corps mystique du Christ, parce que tous ces membres n'ont la vie spirituelle qu'autant que par leur union avec Jésus-Christ ils reçoivent l'influx de la vie du Christ lui-même. Au point de vue spirituel on entend encore par Eglise les assemblées des fidèles réunis pour le culte divin ; et dans ce sens le mot église est la traduction littérale du mot synagogue, qui signifie assemblée. Il est vrai que par extension on a donné le nom de synagogue à l'ancienne religion, comme on donne aujourd'hui le nom d'Eglise à la religion nouvelle.

Mais le mot Église s'entend aussi d'une manière matérielle : c'est alors le temple ou édifice consacré aux réunions des fidèles.

C'est de cette église matérielle que nous allons expliquer le symbolisme.

Dans l'origine, il ne paraît pas que Dieu ait exigé de temple matériel dans l'intérieur duquel on dût faire les cérémonies du culte. En effet, nous voyons les anciens patriarches adorer Dieu dans les œuvres de ses mains et lui offrir leurs sacrifices sur des autels en plein air, n'ayant d'autre toit que cette voûte des cieux qui chante sa gloire par sa magnificence.

Mais quand il donna sa loi à Moïse sur le mont Sinaï, il commanda qu'on lui construisît pour son culte dans le désert une tente magnifique, appelée tabernacle, et plus tard il voulut avoir un temple unique au centre de son peuple.

Aujourd'hui les temples se sont multipliés et les temples s'élèvent partout où il y a un certain nombre d'adorateurs.

La raison de cette conduite de Dieu en ce qui concerne les temples nous paraît être celle-ci.

A l'origine, et jusqu'à Abraham, la révélation primitive sur l'unité de Dieu était trop profondément enracinée dans les mœurs, pour qu'il fut besoin de la rappeler par des symboles matériels.

Mais quand le polythéisme eut envahi le monde, Dieu voulut que son peuple n'eût qu'un seul temple, comme symbole de l'unité de Dieu et de religion.

Plus tard, lorsque la loi nouvelle ou loi de grâce fut venue apporter au genre humain des lumières nouvelles pour élever la raison et le cœur des hommes, de manière à graver dans leurs âmes cette vérité primordiale d'une manière indéfectible, il fut permis d'élever plusieurs temples afin de faciliter le culte, et aussi afin que ce symbole matériel de l'unité de culte fût toujours et partout sous leurs yeux.

C'est ainsi que l'église matérielle catholique est devenue, par son symbolisme, un mémorial complet de la vie chrétienne et de la religion dans son ensemble.

Ce mémorial est à la fois historique et doctrinal. C'est un mémorial historique, parce que la doctrine catholique repose sur des faits historiques.

L'autel qui est le centre de l'église rappelle Jésus-Christ, qui est la tête de l'Eglise : aussi appelle-t-on cette partie de l'église où est l'autel le chevet de l'église, parce que c'est là que repose sa tête, Jésus-Christ.

La première pierre du fondement rappelle le prince des apôtres que Notre-Seigneur lui-même désigna pour être la pierre fondamentale de son Eglise : et cette pierre symbolise toujours les successeurs de saint Pierre, qui sont les maintiens perpétuels de la stabilité de la foi.

Les autres pierres des fondements sont les apôtres, qui, de concert avec leur chef, saint Pierre, fondèrent l'Eglise.

Toutes les pierres qui composent les murs sont tous les fidèles, les uns cachés, les autres apparents, selon la place qu'ils ont occupée dans l'Eglise et le souvenir qu'ils ont laissé dans son histoire.

Les colonnes qui soutiennent l'édifice sont les évêques et les docteurs ; les pierres sculptées sont les saints qui ont attiré plus ou moins les regards par l'éclat de leurs vertus.

Les tuiles du toit sont les défenseurs de l'Eglise, qui la protègent contre les ennemis de la foi.

Les quatre murailles signifient les quatre évangélistes.

L'église est aussi un mémorial doctrinal. Tous les matériaux qui composent l'édifice sont étroitement unis entre eux par le mortier, lequel signifie la charité qui doit réunir entre eux tous les fidèles quelle que soit la place qu'ils occupent respectivement dans l'ensemble de l'Eglise. Cette charité est encore rappelée aux fidèles par la largeur de l'église, parce que la charité dilate les cœurs. L'espérance est rappelée par la hauteur de l'édifice, parce que le chrétien doit toujours élever son cœur en haut vers les espérances éternelles. Enfin la foi est rappelée par le pavé de l'église, sur lequel le fidèle marche d'un pas assuré.

Ces trois vertus théologales sont gardées par l'exercice des quatre vertus cardinales, la justice, la force, la prudence et la tempérance, qui, au point de vue doctrinal, sont les quatre murailles de l'édifice.

La porte de l'église, c'est Jésus-Christ, pontife suprême et médiateur nécessaire par lequel seulement on peut pénétrer dans l'assemblée des saints.

Jésus-Christ est aussi représenté par l'autel, parce que c'est par lui seulement que nos sacrifices peuvent être agréables à Dieu à cause de leur union avec son sacrifice à lui-même.

Les fenêtres de l'église représentent les enseignements de l'Ecriture sainte et de la tradition, parce que c'est seulement à travers ces enseignements que nous pouvons connaître Dieu et Jésus-Christ, son Fils.

CHAPITRE II

L'orientation de l'église n'est pas laissée au libre choix de chacun. Liturgiquement, l'axe de l'église doit être dirigé de telle sorte que le chevet de l'église, c'est-à-dire l'endroit où est placé l'autel, soit dans la direction du lever du soleil au temps de l'équinoxe. Et, cela, d'abord « en souvenir de Celui qui, étant la « splendeur de la lumière éternelle, a illuminé ceux « qui étaient assis dans les ténèbres, parce que l'Orient « descendant de sa gloire nous a visités, lui dont on « dit : Voilà que le nom de cet homme sera Orient. « En preuve de quoi il est dit dans le livre de la Sa- « gesse : Il faut adorer vers l'endroit où le soleil se « lève ; non pas que la majesté divine réside locale- « ment dans l'orient, puisqu'elle remplit tout par sa « puissance et par son essence, d'après ces paroles : « je remplirai le ciel et la terre ; et d'après celles-ci « du prophète : Si je monte au ciel, je t'y trouve ; si je « descends dans les enfers, tu y es présent ; mais parce « que pour ceux qui craignent, Dieu se lève, soleil de « justice qui éclaire tout homme venant en ce monde.

« Nous prions encore tournés vers l'orient, afin que « notre esprit soit averti de se tourner et de s'élever « vers des biens plus excellents que ceux de cette « terre.

« Enfin parce que Notre-Seigneur sur la croix était « à l'orient, voilà pourquoi nous prions les yeux « tournés vers lui. Et lui-même, dans son ascension, « était emporté aux cieux dans la direction de l'orient, « et c'est ainsi que les apôtres l'adorèrent. C'est ainsi

« qu'il viendra en suivant la même voie qu'ils lui
« virent prendre pour monter aux cieux : c'est donc
« dans l'attente du Christ que nous prions vers
« l'orient... (Saint Augustin, cependant, dit qu'aucun
« passage de l'Ecriture ne nous apprend qu'il faille
« prier vers l'orient (Guillaume Durand). »

CHAPITRE III

Les meubles essentiels de l'église sont : la croix de l'autel, le tabernacle, les chandeliers de l'autel.

§ I. — *L'Autel.*

L'autel ne doit-il pas être considéré comme un meuble ? En réalité, l'autel n'est pas un meuble ; il est aussi essentiel à l'église que le sacrifice l'est à la religion : sans lui l'édifice que l'on appelle église n'est pas complet, pas plus que le corps du Christ ne serait complet sans sa tête.

Cependant, nous allons tout d'abord le considérer en particulier comme séparé de l'église.

L'autel doit être de pierre, parce que Jésus-Christ est la pierre de la vision de Daniel, qui, détachée de la montagne, renverse le colosse et remplit le monde.

L'autel doit être en forme de table rectangulaire, parce qu'il doit rappeler par ses quatre côtés les quatre fins du sacrifice, l'adoration, la reconnaissance, l'expiation et la demande.

Il doit être d'une seule pièce, parce que Jésus-Christ est le seul médiateur par lequel nos sacrifices soient agréables à Dieu ; et il nous rappelle ainsi que nos sacrifices n'ont de valeur qu'autant qu'ils sont unis au seul sacrifice de Jésus-Christ.

Cette pierre porte gravée en son milieu et dans chacun de ses angles une croix : les croix des angles représentent les plaies des mains et des pieds de

Jésus-Christ, celle du milieu la plaie de son côté.
Ainsi l'autel nous représente Jésus-Christ immolé.

Enfin l'autel contient une ouverture creusée, que
l'on appelle tombeau, et où l'on a renfermé des re-
liques de saints martyrs, pour nous rappeler sans
cesse le devoir de confesser Jésus-Christ même au
péril de notre vie. C'est pourquoi ce tombeau est
quelquefois appelé confession. Le martyre est le dernier mot du sacrifice, l'autel où s'opère chaque jour
le sacrifice du Christ nous rappelle sans cesse que
nous aussi nous devons aller jusque-là, s'il le faut,
pour rester fidèles à Jésus-Christ.

§ II. — *La croix de l'autel.*

L'autel doit être surmonté d'une croix, placée au
milieu et dominant les chandeliers. Elle tient ainsi
le milieu entre les deux côtés de l'autel, qui signifient, celui de droite, côté où le prêtre lit l'épître,
l'ancien Testament, et celui de gauche, côté où le
prêtre lit l'Evangile, le nouveau Testament. La croix
posée dans le milieu de l'autel nous rappelle donc
que Jésus-Christ unit les deux Testaments et étend
ses mains sur l'un et sur l'autre. Mais à cause de sa
position il étend la main droite sur le nouveau Testament et sa main gauche sur l'ancien, parce que le
nouveau est plus parfait que l'ancien.

La croix doit dominer les chandeliers, parce que
Jésus-Christ est la vraie lumière qui éclaire tout
homme venant en ce monde et que toute autre lumière n'est qu'un reflet de celle dont il nous éclaire.

C'est vers cette croix que le prêtre lève à chaque
instant les yeux pendant le Saint Sacrifice pour se
rappeler que le sacrifice de la messe n'est que la re-
production et la continuation du sacrifice de la croix
et que ce n'est que par son union au sacrifice de la
croix que le sacrifice des hommes a quelque valeur.

Ainsi élevée entre le ciel et le prêtre, la croix lui
rappelle encore que le vrai prêtre, le vrai médiateur
entre le ciel et la terre est Jésus-Christ crucifié.

§ III. — *Le tabernacle.*

Le tabernacle que l'on place ordinairement sur l'autel, pour y conserver la sainte réserve, a été figuré par l'arche d'alliance.

Dans celle-ci, on avait déposé la manne, figure expressive de l'Eucharistie, les tables de la loi et la verge du grand prêtre Aaron.

Le tabernacle renferme tout cela réalisé en la personne de Jésus-Christ réellement présent : il est la manne qui nourrit notre âme de la vie éternelle : « Vos pères ont mangé la manne dans le désert et ils sont morts ; mais celui qui mange ma chair vivra éternellement. » Il est la loi vivante, la parole de Dieu personnifiée, le Verbe fait chair pour habiter au milieu de nous. Il porte la verge miraculeuse de son sacerdoce éternel et le sceptre de sa royauté : C'est la croix sur laquelle il a accompli son sacrifice et par laquelle il règne sur le monde.

§ IV. — *Les degrés de l'autel.*

L'autel est ordinairement placé sur une élévation où l'on accède par des degrés. Ces degrés sont ordinairement au nombre de trois. Le degré inférieur représente la foi dont le prêtre doit être animé quand il monte à l'autel ; car la foi est le fondement de la religion. Le deuxième degré représente l'espérance et le troisième, qui est la plate-forme elle-même où se dresse l'autel et où se tient le prêtre pendant le sacrifice, représente la charité qui est l'épanouissement et la perfection de toutes les autres vertus. Les trois degrés par lesquels on monte à l'autel représentent donc les trois vertus théologales.

Ces trois degrés représentent aussi le triple sacrifice spirituel que le prêtre doit faire sur l'autel de son cœur avant de commencer le sacrifice sur l'autel de pierre de l'église.

Le premier degré lui rappelle qu'il doit, en montant

à l'autel, avoir détaché son cœur de tout souci matériel et de tout bien de la terre. C'est avec des mains
pures de tout ce qui est terrestre qu'il doit traiter des
choses saintes. Le deuxième degré lui rappelle qu'il
doit avoir immolé tous les désirs de la chair. Le troisième lui rappelle qu'il doit avoir immolé jusqu'à son
esprit, et qu'il ait soumis sa raison aux mystères qui
vont s'accomplir par son ministère, qu'il ait fait abné-
gation de toute sa volonté pour ne plus faire qu'un
avec Jésus-Christ qui va s'incarner en quelque sorte en
lui-même pour parler par sa bouche et agir par ses
mains.

Parfois l'autel n'a que deux degrés. Alors ils représentent la charité qui doit animer le cœur du prêtre
à l'égard de Dieu d'une part et à l'égard du prochain
d'autre part.

L'Eglise admet encore des autels élevés d'un degré,
lequel représente la charité, qui est la plus parfaite de
toutes les vertus et la réunion de toutes les autres ; des
autels à quatre degrés, qui sont les quatre vertus
cardinales dont l'ensemble forme la charité ; des autels
à sept degrés, qui représentent les sept dons du
Saint-Esprit et les sept vertus théologales et cardinales.

Le prêtre a devant lui un vaste champ pour ses méditations. Les degrés qu'il monte pour arriver à l'autel lui
retracent ainsi les conditions essentielles de sa dignité.

§ V. — *Les Chandeliers et les Cierges.*

Les chandeliers n'ont pas par eux-mêmes de signification symbolique, sinon qu'ils rappellent les paroles
de N. S. : *On n'allume pas un flambeau pour le mettre
sous un boisseau, mais pour le mettre sur un chandelier, afin qu'il éclaire ceux qui sont dans la maison.
Que votre lumière brille devant les hommes de telle
sorte qu'ils voient vos bonnes œuvres et glorifient votre
Père qui est dans les cieux* (Matth. v, 15-16). Le
chandelier rappelle donc la manifestation nécessaire
des bonnes œuvres, d'abord de celles du Christ lui-
même qui sont la lumière à laquelle on connaît son

Père, et ensuite de celles des fidèles, qui sont aussi celles du Christ, puisque les fidèles sont ses membres.

Ce sont les cierges qui brûlent sur ces chandeliers qui renferment surtout le symbolisme.

La signification des cierges est expliquée dans les prières par lesquelles l'Eglise consacre le cierge pascal le samedi saint. Distinguons la flamme qui les brûle et la matière qui les compose.

La flamme, c'est Jésus-Christ.

En bénissant le feu nouveau jailli de la pierre frappée, le prêtre dit : « O Dieu, qui, par votre Fils, la « pierre angulaire, avez donné à vos fidèles le feu de « votre splendeur, sanctifiez ce feu nouveau produit de « la pierre pour notre usage et accordez-nous d'être, par « ces fêtes pascales, enflammés tellement des célestes « désirs, que nous puissions parvenir, par la pureté de « nos âmes, aux fêtes de votre éternelle clarté. »

Ensuite, en bénissant le cierge pascal, il dit entre autres : « Que la terre se réjouisse d'être illuminée « de tant d'éclat, et que, éclairée par la splendeur du « Roi éternel, elle sente que les ténèbres du monde « sont dissipées. »

Plus loin, le prêtre ajoute : « Recevez, Père saint, « le sacrifice du soir de cet encens que, dans cette « solennelle offrande du cierge, tiré de l'œuvre des « abeilles, vous offre par les mains de ses ministres « la sacro-sainte Eglise... Bien que ce cierge soit « composé de parties, le feu qui le brûle ne connaît « pas de diminution, car il est alimenté par les cires « fondues que la mère abeille a recueillies pour « composer cette lampe précieuse. »

La cire qui est l'œuvre des abeilles représente les œuvres des fidèles réunis comme les abeilles dans une ruche.. La mère abeille ou la reine de la ruche, qui fait l'union de toutes les travailleuses ailées, c'est l'Eglise qui réunit tous les fidèles, qui rassemble toutes leurs œuvres et en fait un seul sacrifice consumé par une flamme unique qui est la charité de Jésus-Christ.

Le sacrifice est public ; c'est pourquoi on fait brûler les cierges sur les chandeliers, afin qu'on les voie et qu'en les voyant on pense aux bonnes œuvres qui sont le vrai sacrifice.

Mais les cierges doivent être allumés pendant la messe parce que les sacrifices des hommes n'ont de valeur et ne peuvent être agréés par Dieu qu'en union avec le sacrifice de Jésus-Christ.

Le même symbolisme se trouve dans la lampe qui brûle devant le Saint-Sacrement. L'huile extraite par la pression d'un grand nombre d'olives représente les œuvres et les sacrifices des fidèles, qui, vivant sous le pressoir de l'épreuve et de la tribulation, réunissent leurs mérites pour en faire un sacrifice perpétuel à Dieu en union avec le sacrifice perpétuel de Jésus-Christ dans son sacrement.

Contre cette explication s'élève une objection : c'est que l'usage des cierges et des lampes n'a pas toujours existé dans l'Eglise. Cette objection ne détruit en rien la vérité du symbolisme. Que l'Eglise l'ait introduit pour suppléer par l'instruction des yeux à l'insuffisance de l'instruction de la parole, c'est plutôt une preuve que le symbolisme n'est pas une application après coup d'un usage déjà existant, tel que serait l'usage des lumières introduit d'abord pour éclairer et ensuite conservé en l'expliquant de la sorte.

Cependant, on peut dire que cet usage remonte à la plus haute antiquité. Déjà, en l'an 600, saint Isidore dit qu'il était d'usage d'allumer des cierges pendant l'Evangile et pendant la consécration, non pas pour chasser les ténèbres, puisqu'il fait jour, mais afin que cette lumière matérielle représente la lumière dont il est dit dans l'Evangile : *Il était la vraie lumière* (S. Jean, I, 5).

La concile de Tolède, en 633, blâme les églises où l'on ne bénissait pas solennellement le cierge pascal.

En somme l'Eglise, par l'usage des cierges, a voulu rappeler dans toute son extension cette parole de saint Paul : *Naguère vous étiez ténèbres : maintenant vous êtes lumière dans le Seigneur ; marchez donc comme des enfants de lumière. Car les fruits de la lumière sont dans tout ce qui est bien, dans la justice et dans la vérité* (Ephes. x, 5-9).

CHAPITRE IV

LES VÊTEMENTS

Le prêtre qui va offrir le Saint-Sacrifice se revêt de six vêtements dont voici la signification symbolique.

§ I. — *L'amict.*

L'amict est une pièce de toile blanche et carrée qui, dans l'origine, couvrait la tête et les épaules et se serrait autour du cou. L'usage de s'en couvrir la tête n'est plus rappelé que par l'acte du prêtre qui, avant de le poser sur ses épaules, le pose un instant sur sa tête et par la prière qu'il prononce en même temps.

Historiquement, l'amict rappelle le voile dont les Juifs voilèrent la face du Christ quand, dans la maison de Caïphe, ils le frappaient en disant : *Christ, prophétise-nous quel est celui qui t'a frappé ?* (S. Matt. XXVI).

Mystiquement, l'amict est un casque, un joug et un collier. Le prêtre marchant au sacrifice renferme en sa personne les deux matières du sacrifice agréable à Dieu : le combat contre le démon, où il couvre sa tête d'un casque : « Placez, Seigneur, dit-il en revêtant l'amict, sur ma tête le casque du salut, pour que je puisse repousser les attaques du démon ; » le travail pour le service de Dieu ; c'est pourquoi il en couvre ses épaules comme d'un joug. Son arme offensive dans le combat, et son instrument de travail, c'est la vérité ; c'est pourquoi il enserre son cou dans les plis de l'amict pour se garantir contre tout mensonge.

§ II. — *L'aube.*

L'aube est un vêtement en toile de lin ou de chanvre qui recouvre en entier le corps du prêtre et descend depuis le cou jusqu'aux pieds.

Historiquement, l'aube rappelle la robe blanche dont Hérode fit couvrir le Christ par dérision.

Mystiquement, l'aube signifie la pureté obligatoire du prêtre quand il s'approche des saints mystères.

De même que la toile n'est blanchie qu'à force d'être battue et lessivée, de même aussi le prêtre ne doit pas ménager la pénitence et les purifications pour arriver à cette pureté nécessaire qui ne s'acquiert que par de longs efforts et par une vigilance continuelle : c'est pourquoi il doit, comme l'apôtre saint Paul, châtier son corps et le réduire en servitude.

Les ornements de dentelle lui rappellent qu'il ne suffit pas d'être pur, mais qu'il doit ajouter à cette pureté essentielle l'ornement des vertus. Il faut que la nature humaine, élevée à la dignité royale de l'union avec la nature divine, soit ornée selon son rang d'après la parole du psalmiste : *La reine se tient à sa droite, avec un vêtement doré et garni de broderies* (Ps. XLIV, 11), parole qui, selon la tradition, doit s'entendre de l'âme humaine tendant à la perfection, comme doit être l'âme du prêtre et de l'Eglise entière qui offre le sacrifice par le ministère du prêtre.

D'après Guillaume Durand, on a introduit l'usage d'orner les extrémités des manches de l'aube à la suite d'un miracle. Saint Martin célébrant un jour la messe revêtu d'une aube aux manches trop larges ou trop courtes qui lui laissaient les bras nus, des bracelets d'or couvrirent tout à coup ses bras, de sorte que ce saint pontife put achever la messe sans plus se préoccuper de rajuster ses manches.

§ III. — *Le cordon ou ceinture.*

Le cordon sert à serrer l'aube autour des reins, mais de manière qu'étant attaché, il laisse retomber flottantes ses deux extrémités.

Historiquement, le cordon rappelle les verges et les lanières dont Pilate fit frapper Jésus pour le flageller.

Mystiquement, le cordon signifie la chasteté du prêtre. On le met sur les reins, parce que c'est le sens de la luxure : *La force (de behemoth) est dans ses reins, et sa puissance est dans le nombril de son ventre* (Job. XL, 11). D'après saint Jérôme, behemoth signifie le démon qui fait des reins de l'homme sa citadelle et son point d'attaque. Il faut serrer ses reins par la continence : « L'homme a les reins fortement « ceints, quand il réprime la luxure de la chair par la « continence de la chair (Grégoire). »

Les deux extrémités pendantes du cordon représentent l'oraison et le jeûne par lesquels seuls le prêtre peut conserver la chasteté nécessaire, d'après les paroles de N. S : *Ce genre de démons ne peut être chassé que par l'oraison et le jeûne* (S. Marc, IX, 28).

Dans l'ancienne loi il n'est pas dit que les prêtres dussent se servir d'une ceinture, parce qu'ils n'étaient pas astreints à la continence absolue.

§ IV. — *Le manipule.*

Le manipule veut dire serviette ou mouchoir, *manipula*, ou gerbe, *manipulus*. C'est un ornement en soie de la couleur du jour, que le prêtre attache à son bras gauche. Cet ornement est formé d'une bande d'étoffe ornée de trois croix, une au milieu et une à chaque extrémité.

Historiquement, le manipule rappelle la corde dont les juifs lièrent les mains de Notre-Seigneur après s'être emparé de sa personne.

Mystiquement, le manipule désigne les fatigues que

le prêtre doit s'imposer, et les larmes qu'il doit verser, pour s'acquitter dignement de son ministère, et la sueur qui mouille son front. Mais il rappelle aussi les fruits de ses fatigues ; il se console de ses sueurs en pensant aux gerbes pesantes qu'il portera dans le grenier de son Maître.

Le manipule s'attache au bras gauche, parce que la gauche représente ce qui est terrestre, et que c'est surtout par le sacrifice de tout ce qui est terrestre que l'on récolte les fruits de l'allégresse céleste. *Ceux qui sèment dans les larmes, moissonneront dans l'allégresse : ils allaient, marchant et pleurant, jetant leur semence. Mais ils viendront avec allégresse en portant leurs gerbes* (Ps. cxxv, 5-6).

Guillaume Durand fait remarquer que l'évêque ne reçoit le manipule qu'au moment de dire le *Confiteor*, avant de monter à l'autel, pour qu'il se souvienne qu'il ne pourra prendre possession de son trône céleste qu'après avoir été jugé sur ses œuvres terrestres.

Au contraire, le prêtre met le manipule avant la chasuble pour qu'il se souvienne qu'avant de jouir de la vie du ciel représentée par la chasuble, il doit d'abord travailler et souffrir sur la terre.

§ V. — *L'Etole.*

L'étole est un ornement fait de la même étoffe et dans la même forme que le manipule ; mais elle est beaucoup plus longue, de manière à ce que, passant par dessus le cou, et revenant sur la poitrine, elle tombe presque jusqu'aux genoux.

Historiquement, l'étole rappelle la corde dont notre-Seigneur fut lié à la colonne de la flagellation.

Mystiquement, l'étole est un symbole de dignité et de joie. En la mettant sur son cou et en la croisant sur sa poitrine le prêtre dit : « Rendez-moi, Seigneur, « le vêtement d'immortalité que j'ai perdu par la pré- « varication de notre premier père ; et, malgré mon in- « dignité de m'approcher de votre saint mystère, « faites que je mérite cependant la joie éternelle. »

L'étole constitue, à proprement parler, l'insigne du sacerdoce : le prêtre ne peut point s'occuper des choses saintes sans s'être tout d'abord revêtu de l'étole, qui est la livrée de son rang dans la maison de Dieu.

L'étole rappelle au prêtre qu'il est attaché au service de Dieu d'une façon absolue, comme l'indiquent les paroles de l'évêque à l'ordination, quand il impose l'étole au nouveau prêtre : « Recevez le joug du « Seigneur ; car son joug est doux et son fardeau « léger. »

Toute joie et toute grandeur est dans le service de Dieu, et le joug divin renferme plus de joie que tous les plaisirs du monde. Mais il croise l'étole sur sa poitrine, pour se rappeler qu'il doit demander tout d'abord le pardon de ses péchés, condition nécessaire pour recevoir la joie du service de Dieu.

L'origine de l'étole, comme de la chasuble, est fort ancienne. Guillaume Durand la fait remonter jusqu'à la robe blanche ornée de broderies, que les patriarches revêtaient quand ils voulaient offrir des sacrifices. Cette robe blanche était en usage chez les prêtres payens, et à Rome elle devint un signe de noblesse et de distinction. La broderie qui ornait la robe paraît s'en être séparée pour former avec celle-ci, sous le nom d'aube, deux ornements distincts. C'est pour cette raison que l'étole s'appelle aussi *orarium*, bordure.

Le symbolisme reste le même.

§ VI. — *La chasuble.*

La chasuble est le vêtement de même étoffe et de même couleur que le manipule et l'étole, que le prêtre met par dessus tous les autres pour célébrer des saints mystères.

Historiquement, la chasuble rappelle la robe de pourpre dont les soldats revêtirent Jésus dans le prétoire de Pilate.

Son symbolisme est multiple.

Par sa forme primitive, qui était ronde et tombant
de toutes parts jusqu'aux pieds du prêtre, ce qui l'a
fait appeler *casula*, chasuble, tente ou petite maison,
elle représente l'étendue de la charité qui doit animer
le prêtre. « Recevez, dit l'évêque à l'ordinant, le vête-
« ment sacerdotal, par lequel il faut entendre la cha-
« rité ; car Dieu est puissant pour augmenter en vous
« la charité, et l'œuvre parfaite. »

La chasuble a été réduite sur les côtés pour déga-
ger les deux bras qui doivent agir pour les œuvres de
la charité, le bras droit pour la gloire de Dieu et le
bras gauche pour le salut du prochain.

La chasuble porte une croix dans sa partie dorsale,
pour représenter les péchés du peuple pour lesquels
le prêtre demande l'expiation par le sacrifice, et aussi
afin de se souvenir, selon la parole de l'Imitation,
qu'il doit souffrir comme son maître toutes les injures
qui lui sont adressées par les hommes. « Il porte la
« croix devant lui, afin de pleurer ses propres péchés ;
« derrière lui, afin que, par une tendre compassion,
« il pleure aussi les péchés des autres ; et se souve-
« nant qu'il est établi médiateur entre Dieu et le
« pécheur, il ne se lasse point d'offrir des prières et
« des sacrifices, jusqu'à ce qu'il ait obtenu grâce et
« miséricorde (*Imit.* iv, 5).

§ VII. — *Couleurs liturgiques.*

Les diverses couleurs des ornements sacerdotaux
renferment aussi un enseignement. Ces couleurs sont
au nombre de cinq : blanc, rouge, vert, violet et noir.

I. *Le blanc.* — Le blanc signifie l'allégresse, la
gloire et la pureté. Lors de sa transfiguration sur le
Thabor, où il laissa apparaître sa gloire, les vêtements
de Notre-Seigneur devinrent blancs comme la neige
et son visage brillant comme le soleil. Toutes les fois
que nous voyons les anges apparaître pour le service
de Dieu, ils sont revêtus de vêtements blancs, soit
comme marque de leur pureté, soit comme témoi-

gnage de leur gloire et de l'allégresse infinie dont ils jouissent dans le ciel.

On emploie la couleur blanche dans toutes les solennités des mystères de Notre-Seigneur qui n'ont pas trait à sa passion et à sa mort. On l'emploie également pour les offices de la sainte Vierge, des confesseurs et des vierges qui n'ont pas versé leur sang par le martyre.

On emploie aussi le blanc pour la dédicace des Eglises, parce que, les églises matérielles représentant l'Eglise spirituelle qui est l'épouse de Jésus-Christ, la dédicace d'une église est comme la fête de l'union de Jésus-Christ avec l'Eglise, fête pleine de joie, parce qu'elle est le présage de l'union éternelle des hommes qui composent l'Eglise ; fête de la sainteté de l'Eglise, qui est cette vierge chaste que l'Apôtre a fiancée au Christ, et à laquelle l'Epoux divin adresse ces paroles : *Vous êtes toute belle, ô ma bien-aimée, et il n'y a pas de tache en vous* (Cant. iv, 7).

II. *Le rouge.* — Le rouge est le symbole de la charité poussée jusqu'à ses dernières limites : il est la couleur du feu qui embrase les cœurs et du sang répandu pour témoigner cet amour, dont nous parle Notre-Seigneur : *Personne n'a une plus grande charité que celui qui donne sa vie pour ses amis.* C'est pourquoi on se sert du rouge pour les fêtes du Saint-Esprit, qui est l'Esprit de charité. C'est de lui qu'émane tout amour : il est l'amour personnifié du Père et du Fils, et ce n'est qu'en participant à la vie divine par l'habitation en nous du Saint-Esprit, que nous possédons la vraie charité.

L'Esprit-Saint se manifesta aux apôtres, sous la forme du feu, le jour de la Pentecôte.

On se sert aussi du rouge aux fêtes commémoratives de la Passion de Notre-Seigneur, parce que c'est lui qui, le premier, a donné l'exemple de cette charité ardente pour son Père d'abord en versant son sang pour réparer l'injure du péché, pour les hommes ensuite en versant son sang pour les racheter.

Enfin on se sert encore du rouge pour les fêtes des

apôtres et des martyrs, parce qu'ils ont versé leur sang pour l'amour de Dieu.

III. *L'or.* — Souvent dans les plus grandes solennités on remplace le blanc et le rouge par l'or.

L'or renferme le même symbolisme que ces deux couleurs réunies.

La gloire d'abord ; car de tout temps l'or a été regardé comme le métal royal par excellence.

Il fut offert par les mages à l'enfant Dieu pour reconnaître sa royauté. L'or représente en même temps tout ce qu'il y a de plus précieux sur la terre.

La charité ensuite, parce que l'or l'a toujours représentée dans le langage de l'Ecriture et des saints Pères. Pour que l'or soit pur il faut qu'il soit passé au feu comme la charité qui s'épure dans le creuset de la tribulation, et qui en reçoit en même temps un nouvel éclat. La plus grande tribulation est le martyre ; la charité qui l'affronte sans reculer est comme l'or qui ne craint pas le feu, selon saint Augustin, parce qu'il est vrai et pur.

C'est pour cette raison que l'Eglise oblige à consacrer et à conserver les saints mystères dans des vases d'or, afin de rappeler la charité pure et ardente des cœurs qui y participent.

IV. *Le vert.* — « Le vert est usité aux dimanches « ordinaires, durant le temps surnommé le pèleri-« nage, parce que l'Eglise tâche, parmi les traverses « de cette vie, de fortifier nos espérances, de quoi la « verdure est le symbole (Grimaud) ».

De même que le blé qui verdit parmi les tempêtes de l'hiver et les orages du printemps renferme l'espérance de la moisson future, de même aussi la vie présente qui s'attache à suivre la vie liturgique de l'Eglise malgré les difficultés de la vie renferme les riches espérances du bonheur du ciel.

V. *Le violet.* — « Durant le temps de pénitence « ou d'affliction, comme aux Avents, aux Carêmes, « Quatre-Temps, Vigiles et Rogations, l'Eglise se sert « du violet, couleur morne et convenable à son dessein « (Grimaud) ».

« Lorsque nous jeûnons, et crucifions notre chair,
« nous la macérons, afin que, devenue livide, elle
« soit confirmée par la pâleur du Christ, par l'acca-
« blement duquel nous avons été guéris. Or, pour
« représenter cela, nous nous servons alors de la
« couleur violette, qui est pâle et en quelque sorte
« livide (Guillaume Durand) ».

VI. *Le noir*. — Le noir est le symbole du deuil : on
s'en sert le vendredi-saint et aux messes de funé-
railles.